BEI GRIN MACHT SICH IHR WISSEN BEZAHLT

- Wir veröffentlichen Ihre Hausarbeit,
  Bachelor- und Masterarbeit

- Ihr eigenes eBook und Buch -
  weltweit in allen wichtigen Shops

- Verdienen Sie an jedem Verkauf

Jetzt bei www.GRIN.com hochladen und kostenlos publizieren

Bibliografische Information der Deutschen Nationalbibliothek:

Die Deutsche Bibliothek verzeichnet diese Publikation in der Deutschen National-
bibliografie; detaillierte bibliografische Daten sind im Internet über http://dnb.d-
nb.de/ abrufbar.

Impressum:

Copyright © 2019 GRIN Verlag
Druck und Bindung: Books on Demand GmbH, Norderstedt Germany
ISBN: 9783346016720

Dieses Buch bei GRIN:

https://www.grin.com/document/497941

Mara Sailer

Trainingsplanung einer fiktiven Person

Mesozyklus und Makrozyklus

GRIN Verlag

GRIN - Your knowledge has value

Der GRIN Verlag publiziert seit 1998 wissenschaftliche Arbeiten von Studenten, Hochschullehrern und anderen Akademikern als eBook und gedrucktes Buch. Die Verlagswebsite www.grin.com ist die ideale Plattform zur Veröffentlichung von Hausarbeiten, Abschlussarbeiten, wissenschaftlichen Aufsätzen, Dissertationen und Fachbüchern.

Besuchen Sie uns im Internet:

http://www.grin.com/

http://www.facebook.com/grincom

http://www.twitter.com/grin_com

Deutsche Hochschule für

Prävention und Gesundheitsmanagement

Hermann Neuberger Sportschule 3

66123 Saarbrücken

Einsendeaufgabe

Fachmodul:	Trainingslehre I
Studiengang:	Gesundheitsmanagement
Datum Präsenzphase	**17. - 20. 06. 2019**
Name, Vorname:	Sailer, Mara Medea
Studienort:	**Berlin**
Semester:	**WS 2018**

Inhaltsverzeichnis

1   Diagnose

Für eine optimale Trainingssteuerung, die die Gesamtheit der Aspekte Diagnose, Trainingsplanung, -durchführung und Auswertung darstellt, steht zu Beginn ein Erstgespräch, in dem sowohl allgemeine als auch biometrische Daten aufgenommen werden. Weiterhin erfolgt eine Messung mithilfe der OMROM HBF-511B Körperfettwaage, welche eine Orientierung bezüglich Körperzusammensetzung ermöglicht. Die gesammelten Daten ergeben einen Überblick über den Ist-Zustand, um perspektivisch einen Soll-Zustand zu formulieren. In der folgenden Trainingsplanung wird der Name der Testperson aus Datenschutzgründen nicht genannt.

1.1   Allgemeine und biometrische Daten

Tab. 1: Allgemeine Daten

Geschlecht	weiblich
Alter	21
Allgemeiner Gesundheitszustand	Schmerzen im Bereich der LWS: 4 Empfehlung vom Hausarzt:: gesundheitsorientiertes Krafttraining
Raucher	Nein
Berufliche Aktivität	Studentin, Nebenjob Fahrradlieferant
Sportliche Aktivitäten	Fahrrad (Rennrad) unregelmäßig 1-2x/Woche 30-60min; Krafttraining seit 2017, unregelmäßig 1-4x/ Woche; Freihanteltraining seit 2018
Frühere Sportliche Aktivitäten	Schulsport, 2012-14 1x/ Woche Breakdance
Zeitliche Verfügbarkeit	3-4x/Woche je 1-2h
Motivation	Wunsch: Kraftdreikampf Herbst 2020

Tab. 2: Biometrische Daten

			Gegebenenfalls Bewertung:
Körpergröße	165cm		
Körpergewicht	60kg		
BMI	22,0 kg/m²	Norm: 18,5-25 kg/m²	Innerhalb der Norm
Blutdruck	118/73 mmHg	Norm: ≤ 120/80mmHg	Innerhalb der Norm
Ruhepuls	61 Schläge/Minute	Norm: 60-100 Schläge/Minute	Innerhalb der Norm
Körperfettanteil	26% laut OMRON HBF-511B Körperfettwaage		
Muskelanteil	34% laut OMRON HBF-511B Körperfettwaage	Norm: ca. 31%	Oberhalb der Norm

Die Testperson hat als Studentin einen vorwiegend sitzenden Alltag, jedoch einen aktiven Nebenjob als Fahrradlieferantin und somit insgesamt eine hohe Alltagsaktivität. Sie
vollführt auch ihren aktiven Nebenjob hauptsächlich in einer sitzenden Position, was
eine mögliche Ursache der Schmerzen im Lendenwirbelbereich darstellt. Die Testperson
leidet unter den Schmerzen seit 1,5 Jahren. In den letzten 6 Monaten gab es eine Ver-
schlimmerung. Mittels einer Verbalskala von 0 (kein Schmerz) bis 10 (unerträglicher
Schmerz) stufte sie ihre Rückenbeschwerden der letzten 7 Tage als eine 4 ein. Eine ärzt-
liche Empfehlung zum gesundheitsorientierten Krafttraining liegt vor. Die Daten lassen
auf keine weiteren Risikofaktoren schließen. Sowohl Body Mass Index (BMI) (American Heart Association, 2014), Blutdruck in Ruhe (American Heart Association, 2017),
als auch Ruhepuls (American Heart Association, 2015), gemessen 3 Tage zuvor beim
Hausarzt, liegen im Normbereich. Ihr Muskelanteil im Körper liegt laut OMROM HBF-
511B Körperfettwaage bei 34% und damit oberhalb des Durchschnitts. Der durch-
schnittliche Muskelanteil bei Frauen liegt bei ca. 31% (Janssen et al., 2000). Die Testperson kann Krafttraining ausführen mit einem Fokus auf die Mobilisierung und Stabili-
sation des Lendenwirbel- und Rumpfbereichs. Aufgrund ihrer Trainingshistorie, sie trainiert unregelmäßig bereits seit 2 Jahren, befindet sich die Testperson in der Leistungs-
stufe „moderately advanced". Es empfiehlt sich ein Ganzkörper- oder Splittraining an 2
bis 3 Tagen (Strack & Eifler, 2005, S. 153). Ihr Training in kürzester Vergangenheit be-
stand aus hohen Intensitäten bei geringer Wiederholungszahl. Sie trainierte 1 bis 4 mal
wöchentlich im Ober-/ Unterkörper Split je nach Tagesform mit 3 bis 5 Wiederholungen
pro Satz. Sie nutzte freie Gewichte, Trainingsgeräte nur gelegentlich und wenig ambiti-
oniert. Sie wünscht sich ein Training mit freien Gewichten und Seilzügen.

1.2 Krafttestung

Im Zuge der Diagnose wird eine Krafttestung durchgeführt, um die Intensitäten der verschiedenen Übungen in der weiteren Planung festlegen zu können. Des weiteren kann
durch Wiederholung der Testung der Kraftzuwachs im Laufe des Trainings dokumen-
tiert werden. Die Ergebnisse der ersten Testung können mit Referenzdaten verglichen
und somit der Leistungsstand der Testperson eingeschätzt werden.

1.2.1 Auswahl des Testverfahrens

Der Wunsch der Testperson ist die Teilnahme an einem Kraftdreikampf Wettkampf. Es liegt demnach nahe, die Testung mithilfe des 1-RM-Tests (1 repetition maximum test) durchzuführen. Getestet wird, welches Gewicht sie maximal für eine Wiederholung in der jeweiligen Übung bewegen kann. Die Testperson steigerte in den letzten Wochen die Intensität ihres Trainings stetig, trainierte bereits im Maximalkraftbereich. Es besteht daher die risikoarme Möglichkeit zur Testung mit 1-RM. Auch in den folgenden Mesozyklen wird mit der Methodik der Maximalkraft gearbeitet werden. Die sich ergebenden Daten sind sinnvoll einsetzbar in der Trainingsplanung.

Zusätzlich wird eine subjektive Einschätzung mithilfe der RPE Skala (rating of perceived exertion scale) nach Borg eingeführt. Die Bewertung der wahrgenommen Anstrengung über die CR10, eine 10 stufige Skala von 0 (überhaupt keine Anstrengung) bis 10 (extrem starke Anstrengung) wird verwendet, um die Wahrnehmung der physischen Anforderung einer Aktivität durch die Testperson subjektiv zu quantifizieren (Ritchie, 2012). Auf diese Weise wird ermöglicht, dass sich die Trainingsplanung an die Tagesform der Testperson autoregulativ anpasst. Die Notwendigkeit, alle im Trainingsplan eingesetzten Übungen zu testen, verschwindet. Um der Testperson den Umgang mit der RPE Skala nahe zu bringen, wird sie im Krafttest aufgefordert, eine Bewertung der Intensitäten der Testsätze nach subjektivem Empfinden anzugeben. Im Laufe der Realisierung des Trainingsplans wird sich die Fähigkeit, die Intensität mithilfe der RPE Skala einzuschätzen und zu kontrollieren, stetig verbessern. Die Auswahl der Testübungen erfolgt auf Basis der im Verlauf der Trainingsplanung wichtigen Hauptübungen. Im Kraftdreikampf nach der International Powerlifting Federation (IPF) treten die Sportler/innen in den Disziplinen Kreuzheben, Bankdrücken und Kniebeuge an (2019, S. 2). Ebendiese werden auch für den Re-Test und im folgenden Makrozyklus geplante Wettkampfvorbereitung von Bedeutung sein. Zusätzlich wird die Maximalkraft in Variationen der Hauptübungen getestet, um die abwechslungsreiche Gestaltung des Trainingsplans zu ermöglichen. Da die Testperson den Umgang mit der RPE Skala erst erlernen muss, ist es für den Einstieg in die Trainingsplanung leichter, neben den drei Grundübungen je eine Variation ebenfalls zu testen. Außerdem ergeben sich dadurch drei weitere Möglichkeiten, die subjektive Einschätzung zu üben. Da die Testperson bisher kein wettkampfkonformes Bankdrücken praktiziert hat (IPF, 2019, S. 18), wird Bankdrücken ohne Pausierung auf der Brust (stop and go) getestet.

1.2.2 Testablauf

Getestet werden konventionelles Kreuzheben, Sumo Kreuzheben, Low bar Kniebeuge, Front Kniebeuge, Bankdrücken (stop and go) und Kurzhantel Bankdrücken. Da die Belastung auf die Testperson andernfalls sehr hoch wäre, wird der Krafttest auf zwei Tage aufgeteilt. Am Montag fand die Testung in den drei Hauptübungen, am Donnerstag in den drei Variationen statt. Der Fokus lag auf der Testung der drei Hauptübungen. Der grundlegende Ablauf wiederholte sich an beiden Tagen. Nach einer allgemeinen Erwärmung von 10 Minuten auf dem Laufband bei einem Tempo von 9km/h folgte die spezielle Erwärmung. Für jede Übung absolvierte die Testperson vor den Testsätzen je vier Aufwärmsätze: ein leichter Testsatz mit 60% des früheren 1-RM und 10 Wiederholungen, gefolgt von einem moderaten Aufwärmsatz mit 70% des früheren 1-RM und 8 Wiederholungen, ein moderater Aufwärmsatz mit 80% des früheren 1-RM und 4 Wiederholungen und ein letzter Aufwärmsatz mit 85% des früheren 1-RM und 2 Wiederholungen. Darauf folgten die drei Testsätze. Wenn der erste Testsatz nach subjektivem Empfinden relativ leicht erfolgte, erhöhte sich das Gewicht um 5kg, wenn er sich relativ schwer anfühlte, um 2,5kg. Getestet wurde bis ein Gewicht nicht bewegt werden konnte (Morales & Sobonja, 1996, S.188). Als früherer 1-RM-Wert diente das höchste Gewicht, welches die Testperson im Training je bewegt hat. Nach jedem Testsatz hatte die Testperson die Aufgabe, die RPE nach subjektivem Empfinden anzugeben.

1.2.3 Testergebnisse

Tab. 3: 1-RM Testergebnisse mit Angabe der RPE

Übung	1. Testsatz	RPE	2. Testsatz	RPE	3. Testsatz	RPE	Ergebnis
Konventionelles Kreuzheben	100kg	6	105kg	8	107,5kg	/	105kg
Sumo Kreuzheben	105kg	5	110kg	8	112,5kg	/	110kg
Low bar Kniebeuge	85kg	6	90kg	8	92,5kg	/	90kg
Front Kniebeuge	60kg	6	65kg	8	67,5kg	/	65kg
Bankdrücken (stop and go)	55kg	5	60kg	8	62,5kg	/	60kg
KH Bankdrücken	je 17,5kg	6	Je 20kg	7	Je 22,5kg	/	je 20kg

1.2.4   Schlussfolgerungen

Die erste Krafttestung stellt eine Möglichkeit der Dokumentation der Kraftentwicklung dar. Mithilfe eines Re-Tests (Wiederholung der Testung nach einem festgelegten Zeitraum) kann der Fortschritt gemessen werden. Es wird geprüft werden, um wie viel die Testperson ihre 1-RM Gewichte in den einzelnen Übungen erhöhen kann. Grundsätzlich erweist sich der Norm-/ Referenzvergleich im 1-RM-Test als schwierig, da es nicht für alle Übungen Vergleichswerte gibt. Außerdem existieren vielfältige Einflussfaktoren auf die Maximalkraftentwicklung, sodass es keine allgemeingültigen Normwerte für die verschiedenen Sportarten gibt (Güllich & Schmidtbleicher, 1999). Da die Testperson ihre Krafttestung jedoch unter anderem in den Kraftdreikampf Disziplinen Kniebeuge, Bankdrücken und Kreuzheben durchgeführt hat, existiert für ebendiese Übungen durchaus die Möglichkeit eines Referenzvergleichs. Laut der International Powerlifting Federation (IPF) würde die Testperson aktuell in der Junioren bis 63kg Klasse antreten (IPF, 2019, S. 3). Mit Betrachtung der Ergebnisse der Krafttestung ergibt sich die wahrscheinliche Übungsauswahl: Low bar Kniebeuge, Bankdrücken und Sumo Kreuzheben. Aufgrund fehlender Erfahrung mit Equipment fiele die Wahl voraussichtlich auf einen raw/ unequipped Wettkampf (IPF, 2019, S. 33-34) . Anhand der verzeichneten Wettkampfergebnisse der Frauen in der angenommenen Klasse der Testperson (Junioren bis 63kg) wurden die Durchschnitts-1-RM-Ergebnisse der 28 besten Deutschen Sportlerinnen aus den Jahren 2016 bis 2019 ermittelt. Diese Daten dienen als Referenz. Das Durchschnittsergebnis in der Disziplin Kniebeuge ergibt (auf zwei Stellen nach dem Komma gerundet) 104,88kg, im Bankdrücken 61,54kg und im Kreuzheben 127,25kg. Die geringsten Gewichte in den Disziplinen lauten: Kniebeuge: 75kg, Bankdrücken: 45kg und Kreuzheben: 85kg (OpenPowerlifting, 2019). Die Testperson liegt mit ihren momentanen 1-RM-Test-Ergebnissen demnach unter dem Durchschnitt, jedoch deutlich über den geringsten Werten. In der Testung fiel das Konventionelle Kreuzheben auf, da hier die größten Defizite in der Ausführung vorlagen. Als konkrete Konsequenz für die weitere Trainingsplanung ergibt sich aus den Testergebnissen die Möglichkeit zur Ableitung der Trainingsintensitäten. In der Trainingsplanung kann nun sowohl mit prozentualen Anteilen des jeweiligen 1-RM als auch mit Intensitätsvorgaben nach subjektiver Wahrnehmung mithilfe der RPE-Skala gearbeitet werden. Die Testung lässt weiterhin vermuten, die Testperson neige eher dazu, sich zu überschätzen als sich zu unterschätzen. Die subjektiv wahrgenommene Belastung war häufig geringer als die tatsächliche physische

Anforderung. Empirische Forschungen ergaben, dass vor allem trainingsunerfahrene Personen die Trainingslasten nach subjektiven Empfinden tendenziell zu niedrig wählten (Eifler, 2013, S. 84-87). Diese Gefahr scheint aufgrund der eher zur Überschätzung tendirienden Testperson gering. Ihr Motivation wird hoch eingeschätzt.

2 Zielsetzung/ Prognose

Auf Basis der Wünsche der Trainierenden und einer realistischen Einschätzung des Trainers wurden folgende Ziele bzw. Prognosen gemeinsam erstellt.

Tab. 4: Zielsetzung/ Prognose

Inhalt:	Ausmaß:	Zeit:	Messmethode
Rückenschmerzen verringern	Von 4 auf 2	2 Monate	Verbale Schmerzskala von 0 bis 10
Muskelaufbau	Mindestens 1,5 kg	4 Monate	OMROM HBF-511B Körperfettwaage
Kraftsteigerung	Um mindestens 10 %	6 Monate	1-RM Re-Test

Priorität hat die Verringerung der Schmerzen im Bereich der Lendenwirbelsäule. Die Testperson soll schnellstmöglich befähigt werden ihren Alltag schmerzfrei zu bewältigen. Ein (weitgehend) schmerzfreies Training ist außerdem erstrebenswert für die weiteren Ziele: Muskelaufbau und Kraftsteigerung. Die Schmerzlinderung soll in den ersten 2 Monaten den Trainings von 4 auf 2 erfolgen (auf einer Verbalskala von 0 = kein Schmerz bis 10 = unerträglicher Schmerz). Die Gewichtsklasse des Kraftdreikampfes ginge bis 63kg Körpergewicht, die Möglichkeit zuzunehmen besteht. Eine höhere Muskelmasse trägt der Verbesserung der Maximalkraft bei. Momentan liegt laut OMROM HBF-511B Körperfettwaage eine Muskelmasse von 20,4kg vor. Ziel sind mindestens 21,9kg Muskelmasse, eine Steigerung um 1,5kg in insgesamt 4 Monaten. Anschließend soll die Maximalkraft aktiv gesteigert werden. Geplant ist ein Kraftzuwachs von mindestens 10% in den drei Grundübungen (Kniebeuge, Bankdrücken und Kreuzheben) bis zum 1-RM-Re-Test in ungefähr 6 Monaten. Die Testperson könnte dadurch 26kg zu ihrem Total (Summe der 1-RM-Test Ergebnisse von Kniebeuge, Bankdrücken und Kreuzheben) addieren. Damit läge sie nur noch knapp unter dem durchschnittlichen Total (293,7kg) der Deutschen Frauen in der Junioren bis 63kg Klasse. Die höchsten prozentualen Abweichungen von den Durchschnittsergebnissen der Athletinnen liegen in den Disziplinen Kniebeuge und Kreuzheben (OpenPowerlifting, 2019). Es sind dort also möglicherweise die höheren Kraftzuwächse zu erwarten.

3 Trainingsplanung Makrozyklus

Ein Makrozyklus ist ein langfristiger Trainingsabschnitt bestehend aus mehreren Mesozyklen, der sich in seiner inhaltlichen und belastungsdynamischen Grundstruktur und somit Wirkungsrichtung im Prozess des Trainings planmäßig wiederholt mit dem Ziel der Verbesserung der sportlichen Leistungsfähigkeit (Schnabel, Harre & Krug, 2008, S. 429).

Tab. 5: Makrozyklus

	Mesozyklus I	Mesozyklus II	Mesozyklus III	Mesozyklus IV
Zielsetzung	Testblock, Einstiegstraining, Deload	Technikverbesserung in den Grundübungen, Kraftausdauer	Muskelaufbau	Kraftsteigerung, 1-RM Re-Test
Dauer	3 Wochen	4-6 Wochen	6-8 Wochen	8 Wochen
Trainingsmethodik	Kraftausdauer, Hypertrophie, Maximalkraft	Tempovariantionen, Kraftausdauer	Hypertrophie	Hypertrophie, Maximalkraft
Organisationsform	GK,Stationstraining	GK,Stationstraining	GK,Stationstraining	GK,Stationstraining
Häufigkeit	3/ Woche	3/ Woche	3/ Woche	3/ Woche
Übungen/ Muskel	1-3	1-3	1-3	1-3
Sätze/ Übung	2-3	2-6	1-5	1-5
Satzpausen	1-5 Minuten	0,5-2 Minuten	1-3 Minuten	2-6 Minuten
Wiederholungen/ Satz	4-20	5-20	6-15	1-10
Intensitäten	50-80%, RPE 4-7	50-70%, RPE 4-7	60-85%, RPE 6-8	80- >100%, RPE 6-9
TUT pro Wdh.	2 bis 3 Sekunden	2 bis 8 Sekunden	2 bis 4 Sekunden	2 bis 3 Sekunden

Dem Makrozyklus liegt das Prinzip der linearen Periodisierung zugrunde. Von Mesozyklus zu Mesozyklus nehmen die Wiederholungszahlen und der Umfang sukzessive ab während die Intensität steigt. Ziel ist die maximale Kraftentwicklung zum Ende des Makrozyklus. Innerhalb einer Trainingseinheit wird das Prinzip der wellenförmigen Periodisierung angewandt. Die Mikrozyklusplanung besteht aus drei Trainingseinheiten pro Woche, in denen jeweils unterschiedliche Krafttrainingsbereiche mit unterschiedlichen Intensitäten und Satz- sowie Wiederholungszahlen trainiert werden. Dadurch werden innerhalb einer Einheit mehrere Facetten der Kraft beansprucht, das Training bleibt abwechslungsreich und dadurch motivierend (Kraemer & Fleck, 2007, S. 12 ff.). Die einzelnen Mesozyklen richten sich je nach Zielsetzung auf einen fokussierten Krafttrainingsbereich aus. Sie unterscheiden sich in Pausenzeiten, Wiederholungs- und Satzzahlen, jedoch primär in Intensitäten. Im gesamten Makrozyklus wird der deduktive Ansatz zur Festlegung der Intensitäten (über 1-RM) mit induktiven Elementen (über das subjektive Belastungsempfinden in Form der RPE) kombiniert. In der Organisationsform gleichen sich alle Mesozyklen. Es handelt sich um ein Ganzkörper- und Stationstraining. Studien ergaben, die Proteinsynthese bleibe nach einem intensiven Trainingsreiz für 36 bis 48 Stunden erhöht (MacDougall et al., 1995), sodass für einen optimalen Muskelwachstum, jede Muskelgruppe 2 bis 3 mal pro Woche trainiert werden sollte. Obwohl sich der zeitliche Verfügungsrahmen der Testperson auf 3 Tage beschränkt, garantiert ein Ganzkörpertraining, dass alle Hauptmuskelgruppen 3 mal pro Woche trainiert werden. Die einzelnen Einheiten unterscheiden sich dennoch in der Übungsauswahl sowie Satz- und Wiederholungszahlen um einen Fokus auf jeweils eine Muskelgruppe zu legen. Da die Satzzahlen der Übungen in einer Trainingseinheit variieren, eignet sich das Prinzip des Stationstraining besser als ein Zirkeltraining. Stationstraining ermöglicht weiterhin die Arbeit mit Vorermüdung. Die RPE Vorgaben einer Übung steigen von Satz zu Satz. Die Belastungsparameter variieren je nach Zielsetzung in den einzelnen Mesozyklen. Gleich bleiben lediglich Trainingshäufigkeit sowie die Anzahl der Übungen pro Muskel.

Im ersten Mesozyklus ist Ziel die Gewöhnung an die Übungen und Struktur des Plans sowie Regeneration nach der 1-RM-Testung. Daraus ergeben sich folgende Belastungsparameter: Pro Übung werden 2 bis 3 Sätze mit je 4 bis 20 Wiederholungen ausgeführt. Die Satzzahl ist relativ gering, um den Umfang einer Einheit trotz teilweise bis zu 20 Wiederholungen realisierbar zu halten. Die stark variierenden Wiederholungszahlen ermöglichen es, viele Bereiche der Kraft zu trainieren. Die Testperson lernt weiterhin den Umgang mit den unterschiedlichen Satz- und Wiederholungsbereichen kennen. Im ersten Block variieren ebenfalls die Intensitäten stärker (als in den folgenden Mesozyklen), um der Testperson auch hier einen Einblick in die verschiedenen Facetten der Trainingsplanung zu ermöglichen, aber die Regeneration nicht zu gefährden. Dies ist weiterhin Begründung für die mit 1 bis 5 Minuten relativ lang gehaltenen Satzpausen. Die Testperson soll jeden Satz konzentriert ausüben können. Sie erhält außerdem die Möglichkeit, die subjektive Einschätzung mittels RPE zu üben.

Der zweite Mesozyklus fokussiert sich auf das Erlernen einer korrekten Übungsausführung. Hierdurch wird das Verletzungsrisiko auch bei schweren Gewichten (in den folgenden Mesozyklen) reduziert und das Ausbleiben der Rückenbeschwerden gefördert. Eine effiziente Technik in den Grundübungen kann die Leistung verbessern. Um die Konzentration in den Wiederholungen hoch zu halten sind die Satzzahlen mit bis zu 6 verhältnismäßig hoch. Die Wiederholungszahlen variieren von Übung zu Übung stark. Mit vielen Wiederholungen soll die Routine geschult werden Bei geringen Wiederholungszahlen wird mit einem langsamen vorgegebenen Bewegungstempo (bis zu 8 Sekunden), auch Time under Tension (TUT) genannt, gearbeitet. Diese Methode bietet die Möglichkeit, die Aufmerksamkeit auf Schwachstellen in der Übungsausführung zu legen sowie die einzelnen Teilbewegung einer komplexen mehrgelenkigen Übung fokussiert zu trainieren. Da eine erhöhte TUT, eine höhere Beanspruchung darstellt, liegen die Intensitäten bei 50 bis maximal 70% des 1-RM mit einer RPE von 4 bis 7. Nah an einer persönlichen Belastungsgrenze ist es wahrscheinlich, die Übungsausführung zu vernachlässigen, was vermieden werden soll. Neben einer sicheren effizienten Technik wird mit bis zu 20 Wiederholungen im zweiten Mesozyklus die Kraftausdauer geschult. Als Orientierung fungierten hier Güllich und Schmidtbleicher (1999, S.232), die für das Kraftausdauertraining eine Intensität von 50-60% empfahlen. Die Satzpausen sind relativ kurz bei 0,5 bis maximal 2 Minuten, wobei die kurzen Pausen bei Kraftausdauer fokussierten Übungen mit vielen Wiederholungen und die längeren Pausen nach Tempovariationen eingesetzt werden.

Im dritten Mesozyklus liegt der Schwerpunkt auf der Hypertrophie. In der Zielsetzung wurden mindestens 1,5kg Muskelaufbau festgesetzt. Die Planung sieht 1 bis 5 Sätze pro Übung mit 6 bis 15 Wiederholungen vor, um möglichst viele Muskelgruppen und Bewegungen in einer Einheit zu trainieren und gleichzeitig jeweils einen Fokus setzen zu können. An diesem Punkt werden sich bereits Schwachstellen abgezeichnet haben, die hier gezielt angegangen werden. Submaximale Intensitäten erwirken (Güllich & Schmidtbleicher, 1999) primär Muskelaufbau. Der Mesozyklus arbeitet daher mit 60 bis 85% des 1-RM und einer RPE von 6 bis 8. Ein Training bis zum Muskelversagen ist nicht notwendig, da das Verletzungsrisiko zu hoch, der zu erwartende Effekt verhältnismäßig unbedeutend wäre. Wie im vorhergegangenen Block sind auch hier die Satzpausen mit 1 bis maximal 3 Minuten kurz gehalten. Das Bewegungstempo kann von langsam bis zügig variieren (Güllich & Schmidtbleicher, 1999, S. 229).

Der vierte Mesozyklus endet im Re-Test der 1-RM-Werte. Die lineare Steigerung über die Mesozyklen hinweg kommt hier zu ihrem Höhepunkt. Ziel ist die Erhöhung der Maximalkraft. Daher wird sowohl Hypertrophie- als auch Maximalkrafttraining eingesetzt. Ausgeführt werden 1 bis 5 Sätze pro Übung mit je 1 bis 10 Wiederholungen bei einer Intensität von 80 bis über 100 % des bisherigen 1-RM. Die Gewichtsvorgaben wirken nur als Orientierung, die RPE Angaben (bis zu RPE 9) bestimmen letztendlich das Gewicht, sodass es durchaus über die bisherigen 1-RM-Werte hinaus gesteigert werden kann. Um die hohen Intensitäten konzentriert bewältigen zu können, ist die Wiederholungszahl in den Grundübungen gering, die Satzpausen sind jedoch bei bis zu 6 Minuten. Im Training bleibt die Belastung immer unter dem persönlichen Maximum. Die volle Ausbelastung wird erst im Re-Test gefordert. Das Bewegungstempo spielt bei diesen hohen Belastungen keine gesonderte Rolle.

4 Trainingsplanung Mesozyklus

Beim folgenden Mesozyklus handelt es sich um den ersten Kennlernblock. Ziel ist, herauszufinden, wie die Trainierende auf die Struktur des Plans reagiert. Außerdem fungiert der erste Mesozyklus zur Regeneration nach den 1-RM-Tests.

Tab. 6: Mesozyklus I (3 Wochen)

Tag 1

Übung	Sätze	Wdh.	Satzpausen	Gewicht in kg	% vom 1-RM	RPE
Low bar Kniebeuge	1	4	> 3 min	67,5 - 72,5	75 - 80	7
Low bar Kniebeuge	3	8	> 2 min	55 - 60	60 - 67	5/5/6
KH Bankdrücken	2	10	1-2 min	12 - 14 (jede)	60 - 70	6/7
Hip Thrusts	2	12	> 2 min			5/6
Unilat. Landmine Press	2	20	1-2 min			5/6
Facepulls	3	15	1-2 min			4/5/6

Tag 3

Übung	Sätze	Wdh.	Satzpausen	Gewicht in kg	% vom 1-RM	RPE
Bankdrücken (pausiert)	1	5	> 3 min	45 - 47,5	75 - 80	7
Bankdrücken	3	8	> 2 min	40 - 42,5	60 - 70	5/6/6
Front Kniebeuge	3	10	2-3 min	40 - 42,5	60 - 65	5/6/6
Rudern am Kabel	2	20	1-2 min			5/6
Russian Twist mit KB	4	10	1-2 min			4/5/6/7

Tag 5

Übung	Sätze	Wdh.	Satzpausen	Gewicht in kg	% vom 1-RM	RPE
Sumo Kreuzheben	2	4	> 3 min	82,5 - 87,5	75 - 80	7/7
Konventionelles Kreuzheben	3	12	> 3 min	62,5 - 67,5	60 - 65	5/6/6
Bulgarian Split Squats	2	15	1-2 min			4/5
Latzug	4	10	1-2 min			4/5/5/6
Siutcase carry	2	15	1-2 min			5/6/7

Drei Trainingseinheiten pro Woche sind vorgesehen, optimalerweise mit je einem Tag Pause zwischen den Trainingstagen und zwei Tagen Pause vor dem Beginn der nächsten Woche. Für die Regulierung der Intensität werden sowohl Gewichts- als auch RPE-Vorgaben gesetzt. Die vorgegebenen Gewichte dienen jedoch lediglich als Orientierung, die RPE hat immer Priorität, da sich so die Intensität an die aktuelle Tagesform anpasst.

Da der erste Mesozyklus nach dem 1-RM-Test als Phase der Regeneration sowie als Einstiegsblock fungiert, liegt die Intensität bei 50 bis 80% des 1-RM bei einer RPE zwischen 4 und 7. Über die Dauer von 3 Wochen, werden sich die Trainingsgewichte voraussichtlich autoregulativ erhöhen. Die Übungsverteilung auf die drei Tage ergibt sich daraus, dass jeder Tag einen Muskelgruppenfokus hat, dennoch der ganze Körper trainiert werden soll. Die Übungsreihenfolge ist bestimmt durch Komplexität, koordinativen Anspruch und Intensität (abnehmend im Verlauf der Einheit) sowie die Priorität der jeweiligen Muskelgruppe. Mit abnehmender Intensität, werden auch die Satzpausen im Verlauf der Trainingseinheit verkürzt. Die Grundübungen beanspruchen aufgrund ihrer Komplexität mehr Konzentration und infolge der hohen Muskelmassenbeteiligung eine längere Satzpause.

Das Training mit freien Gewichten birgt vielfältige Vorteile. Die Übungen passen sich (im Gegensatz zu Trainingsgeräten) optimal der Physiologie des Sportlers an. Weiterhin werden in mehrgelenkigen Übungen mit freien Gewichten sowohl große Muskelmassen als auch viele Muskelgruppen gleichzeitig trainiert. Das Training ist dadurch zeitsparend. Übungen mit großer Muskelmassenbeteiligung tragen wahrscheinlicher zur Veränderung der Körperzusammensetzung und Stoffwechselanpassung bei. Insgesamt verbessern mehrgelenkige komplexe Übungen mit freien Gewichte sowohl die koordinativen Fähigkeiten, die motorische Kontrolle als auch die Eigenstabilisation (Haff, 2000). Im Mesozyklus finden sich keine Isolationsübungen, da bereits in den mehrgelenkigen Übungen alle notwendigen Muskeln als Synergisten ausreichend trainiert werden.

Drücken, Ziehen, Heben, Beugen, Tragen und Torsion sind die essenziellen Bewegungen für das schmerzfreie Training und auch den Alltag (McGill, 2016, S.321). Der Mesozyklus ist daher ausgerichtet all diese Bewegungen enthalten.

Für das Training der unteren Extremitäten finden sich unter anderem Low bar und Front Kniebeuge. Ersteres ist Disziplin im Kraftdreikampf. Die Kniebeuge mit vollständigem Bewegungsumfang ausgeführt ist laut Mark Rippetoe (2017, S.15) die nützlichste Übung im Training. Die Kniebeuge bietet die Möglichkeit den sogenannten Hip Drive zu trainieren. Der Hip Drive ist ein komplexes Bewegungsmuster, bei dem die hintere Kette (die Muskeln, die eine Extension im Hüftgelenk ergeben) aktiv so rekrutiert wird, dass sie progressiv steigerbar ist. Die hintere Kette trägt am meisten zur Bewegung des menschlichen Körpers bei und ist Quelle der Maximalkraft (Rippetoe, 2017, S. 15-17). Voraussetzung für einen gesunden Rücken ist die Funktion des Beckens und der Hüfte. Kraft wird bei Athleten meist in der Hüfte und nicht im unteren Rücken erzeugt. Das Becken wirkt als Plattform der Wirbelsäule. M. iliopsoas und M. iliakus sind für die Beugung und Stabilisierung der Hüfte verantwortlich, M. glutaeus maximus ist in erster Linie ein Hüftstrecker und ein Außenrotator, während M. gluteus medius (und minimus) in erster Linie ein Abduktor ist und daher für alle Aktivitäten von enormer Bedeutung, bei denen ein einziges Bein oder ein Gang mit Richtungswechsel erforderlich ist (McGill, 2009, S.79). Das Training ebendieser Muskeln/ Muskelgruppen trägt, so die Prognose, zur Verringerung der Rückenschmerzen bei. Die Front Kniebeuge als Variation bietet neben Abwechslung auch den Vorteil, dass sie signifikant zur Entwicklung der Schnellkraft beiträgt. Vor allem tief ausgeführte Kniebeugen haben Einfluss auf die Entwicklung der Maximalkraft (Schmidtbleicher et al., 2009). Bulgarian Split Squats, eine unilaterale Übung ausgeführt mit Kurzhanteln, stärken neben M. quadrizeps femoris sowie M. glutaeus medius die Stabilisierung des Rumpfes, koordinative Fähigkeiten und die Griffkraft. Nur die Kniebeuge zu trainieren führt oftmals zu Rückenbeschwerden, unilaterale Stabilisierungsübungen tragen zu einem schmerzfreien Training bei (McGill, 2014, S. 324). Hip Thrusts trainieren ebenfalls die unteren Extremitäten, vor allem M. glutaeus maximus, M. bizeps femoris sowie die Adduktoren, und stärkt somit ebenfalls die Extension im Hüftgelenk (Beitrag zur Verringerung der Rückenschmerzen). Hip Thrusts stellen außerdem eine wichtige unterstützende Übung für die Wettkampfdisziplin Sumo Kreuzheben dar. Beide Variationen des Kreuzhebens (Sumo und Konventionelles) trainieren sowohl die hintere Kette (die Extensoren der Transversalachse der Wirbelsäule) als auch die Fähigkeit, die Lendenwirbelsäule unter Belastung starr zu halten. Es wirken die Lendenmuskulatur als auch alle Rumpfmuskeln isometrisch kontrahiert. Kreuzheben stellt die wichtigste Übung für den Rücken sowie eine bedeutende Hilfsübung für die Kniebeuge dar (Rippetoe, 2017, S. 111-113). Rudern am Kabel stärkt vor allem die Muskeln des oberen Rückens: primär M. latissimus dorsi, M. deltoideus pars spinata und M. trapezius (pars ascendens und transversa). Der Kabelzug hat den Vorteil eines festen Sitzuntergrunds und der Möglichkeit, die Griffe zu variieren. Bankdrücken als weitere Wettkampfdisziplin wird zum einen pausiert trainiert um auf den Wettkampf direkt vorzubereiten, zum anderen jedoch wie bisher stop and go sowie mit Kurzhanteln. In zweitgenannter Variante ist die Testperson erfahren und wird wahrscheinlich die größte Sicherheit haben. Kurzhantel-Bankdrücken übt die Stabilisierung, kann auf eventuelle Dysbalancen hinweisen und diese ausgleichen. Ähnlich verhält es sich mit der weiteren Drucksübung Unilateral Landmine Press. In stehender Position wird auch hier eine hohe Rumpfstabilisierung benötigt und primär die Schultermuskulatur (M. deltoideus pars clavicularis, pars acromialis) trainiert, welche als Synergisten im Bankdrücken arbeitet. Facepulls trainieren sowohl den hinteren Anteil der Schulter (M. deltoideus pars spinata) als auch die Rotatorenmanschette. Latzug (breit) beansprucht vor allem M. deltoideus pars spinata sowie M. trapezius und M. latissimus dorsi, trägt damit zur Verbesserung der Schulterzugkraft bei. Russian Twist mit einer Kettlebell ist eine Rotationsübung, stärkt die Rotatoren der Longitudinalachse sowie die Flexoren der Transversalachse der Wirbelsäule. Die Kettlebell ermöglicht eine progressive Intensitätssteigerung. Suitcase carry, eine unilaterale Trageübung, beansprucht die Lateralflexoren der Sagittalachse der Wirbelsäule. Ebenfalls mit Kettlebell ausgeführt, ist eine Steigerung möglich, in dem entweder die Last oder die zu laufende Strecke (oder beides) erhöht wird. Die Übungsvielfalt ermöglicht insgesamt ein abwechslungsreiches, motivierendes und umfassendes Training entsprechend der Zielsetzung.

Nach dem ersten Mesozylus wird ein Feedbackgespräch mit Auswertung des bisherigen Trainings ermöglichen, die weitere Trainingsplanung entsprechend der Wünsche anzupassen. Inhalt des Gesprächs wird unter anderem sein: Zeitmanagement, Motivation, Regeneration sowie eventueller Muskelkater und der Verlauf der Rückenbeschwerden.

5   Effekte des Krafttrainings bei Rückenbeschwerden

Tab. 7: Die Rekonditionierbarkeit chronischer Rückenpatienten mit muskulärer Insuffizienz (Uhlig, 1999)

Titel	Die Rekonditionierbarkeit chronischer Rückenpatienten mit muskulärer Insuffizienz.
Autor(en)	H. Uhlig
Jahr	Durchgeführt: September 1994 bis November 1996 Publiziert: 1999
For-schungs-frage	Lassen sich Patienten mit chronischen Rückenbeschwerden mit dem vorliegenden Konzept auch unter den Rahmenbedingungen einer orthopädischen Praxis rekonditionieren? Demonstrieren Patienten mit unterschiedlichen Diagnosen eine unterschiedliche Rekonditionierbarkeit?
Stichprobe	n=136 (57 Männer: Alter 43,6 ± 12,6 Jahre, 78 Frauen: Alter 41,8 ± 11,6 Jahre) Diagnosen (Mehrfachdiagnosen möglich): • Bandscheibenschaden überwiegend der unteren LWS-Segmente (n = 75) • Bandscheibenvorfall L4/L5 bzw. L5/S1 (n = 16) • Zustand nach Bandscheibenoperation L4/L5 bzw. L5/S1 (n = 12) • Facettensyndrom der unteren LWSSegmente (n = 31) • Allgemeine konstitutionelle Hypermobilität (n = 16) • Wirbelgleiten L5/S1 (n = 7) • HWS-Syndrom aufgrund Osteochondrose der unteren HWS-Etagen (n = 35)
Versuchs-aufbau	Vor Beginn und 7±10 Tage nach Beendigung des Trainingsprogramms: Meß- und Befragungsparameter nach Denner 1. Motorische Parameter (Gesamtmobilität von HWS und LWS/BWS in den einzelnen Bewegungsebenen; Maximalkraft und dynamische Leistungsfähigkeit der HWS- sowie LWS-/BWS-Extensoren, -Flexoren, -Lateralflexoren und -Rotatoren) 2. Schmerzparameter (Beschwerdebild von Rumpf und Halswirbelsäule) 3. Lebensqualitätsparameter (allgemeine Leistungsfähigkeit, persönliches Wohlbefinden) 4. Qualitätskontrollparameter (anonyme subjektive Bewertung durch die teilnehmenden Patienten) Trainingsprogramm (durchgeführt in orthopädischem Präventionszentrum unter fachärztlicher Leitung, intensiver individueller Betreuung durch speziell qualifizierte Therapeuten) • standardisiertes 3-monatiges Aufbauprogramm mit insgesamt 24 Trainingseinheiten a 60 Minuten (Hauptinterventionsmaßnahme: progressives dynamisches Krafttraining an speziell hierfür entwickelten Trainingsgeräten mit variablem Widerstand) • krafttrainingsbegleitende Maßnahmen: funktionsgymnastische Mobilisierung, Dehnung und Kräftigung, Techniken zur mechanischen Entlastung der Wirbelsäule und zur Entspannung der Rumpf- und Halsmuskulatur sowie Hinweise zu bzw. Erlernen von wirbelsäulengerechtem Verhalten und wirbelsäulenschonenden Bewegungstechniken Primär- und Sekundärziele der Programmteilnahme: Rekonditionierung des Patienten mittels Verbesserung und Harmonisierung der Kraft und Leistungsfähigkeit von Rumpf- und Halsmuskulatur, Verbesserungen des Beschwerdebilds der Wirbelsäule und der Lebensqualität
Ergebnisse und Schlussfol-gerungen	n (Abschluss) =135 Patienten (99,3 %) signifikante trainingsbedingte Anpassungserscheinungen: • Vergrößerung der Beweglichkeit der Wirbelsäule um durchschnittlich 13,9 (LWS/BWS) bzw. 12,1 (HWS) • Erhöhung der Kraft aller wirbelsäulenstabilisierenden Muskelgruppen im Bereich des Rumpfes um durchschnittlich 53,7 %, im Bereich der HWS um im Durchschnitt 46,6 % • Steigerung der dynamischen Leistungfähigkeit der Rumpfextensoren um durchschnittlich 23,6 % • 54,5 % der Patienten mit LWS-Syndrom und 53,4 % der Patienten mit HWS-Syndrom: Erlangen der vollständigen Bewerschwerdefreiheit: • 72,0 % bzw. 87,1 % der Patienten mit LWS-Syndrom und 66,4 % bzw. 78,8 % der Patienten mit HWS-Syndrom: Reduktion der Beschwerderegelmäßigkeit und/oder -intensität • Steigerung der allgemeinen Leistungsfähigkeit bei 50 % der Patienten um durchschnittlich 22,2 %, • Steigerung des persönlichen Wohlbefinden bei 37 % der Patienten um im Durchschnitt 15,1 % Abhängigkeit der Rekonditionierbarkeit von der fachärztlichen Diagnose konnte nicht nachgewiesen werden

Tab. 8: Krafttrainingstherapie bei männlichen Polizeibeamten mit chronischen lumbalen Rückenschmerzen (Kirchhoff, Kopf & Böckelmann, 2015)

Titel	Krafttrainingstherapie bei männlichen Polizeibeamten mit chronischen lumbalen Rücken-schmerzen. Wirksamkeit psychologischpädagogischer Interventionen.
Autor(en)	D. Kirchhoff, S. Kopf, I. Böckelmann
Jahr	Online publiziert: 2015
Forschungs-frage	Weisen Patienten mit chronischen lumbalen Rückenschmerzen mit zusätzlichen psycholo-gischpädagogischen Interventionen am Ende der Intervention verbesserte isometrische Maximalkraftwerte, ein verbessertes Angst-Vermeidungsverhalten und weniger Schmer-zen im Vergleich zu Patienten, die nur eine isolierte Krafttrainingstherapie erhielten, auf?
Stichprobe	n=64 männliche Polizeibeamte mit chronischen lumbalen Rückenschmerzen (Durch-schnittsalter von 47,0 ± 7,2 Jahre, BodyMass-Index 28,3±3,9kg/m2) • Kontrollgruppe (KG) n=32 Patienten (48,6±7,6 Jahre alt) gerätegestützte Krafttrai-ningstherapie • Experimentalgruppe (EG) n=32 Patienten (45,3±6,4 Jahre alt) zusätzliche psy-chologisch-pädagogische Interventionen
Versuchs-aufbau	Krafttrainingstherapie: • 24 Therapieeinheiten (gerätegestütztes Krafttraining, dynamisches Krafttraining der Rumpfmuskulatur, Ein-Satz-Training, je 10 Wiederholungen, je 60min, nach der Übung: gezielte mechanische Entlastung, muskuläre Entspannung der Wir-belsäule mittels Lagerung-, Mobilisierungs- oder Selbstmassagen) Erste Therapiephase: • Ziel: Erlernen der korrekten Bewegungstechnik, Erfolgserlebnisse • 6 Einheiten in 2 Wochen, 48h Regenerationszeit (Satzpausen: 60-90sek, gering intensiver Kraftausdauerbereich, subjektives Belastungsempfinden nach BORG-Skala 11 – 13, Reizdauer: 70-90sek) Zweite Therapiephase: • Ziel: Maximalkraftsteigerung durch Verbesserung der neuromuskulären Aktivie-rung • 12 Einheiten in 6 Wochen, 72-96h Regenerationszeit (hohe Intensität, BORG-Skala: 13-17, Reizdauer: 50-50sek, Satzpausen: 120-150sek) Dritte Therapiephase: • Ziel: Maximalkraftsteigerung durch Muskelhypertrophie • 5 Einheiten in 25 Tagen, Regenerationszeit: 96-120h, jeder Trainingssatz bis zur erschöpfenden Stimulierung, (sehr hohe Intensität, BORG-Skala: 17-19, Reizdau-er: 30-50sek, Satzpausen: 180-300sek) Verhaltenstherapeutische Interventionen bei der EG: • kurze Gespräche in Satzpausen für ein positives (Kompetenz-)Erleben, Selbst-wirksamkeitsüberzeugungen (positive Verstärkung bei therapiezielförderlichem Verhalten, Aufmerksamkeitsentzug bei problematischem Krankheitsverhalten, Aufforderung, Befinden direkt zu verbalisieren, Aufklärung über Schmerz- / Ver-meidungsverhalten, Belastungsschmerzen im Krafttraining) • Konfrontation mit Belastungsschmerzen mithilfe kraftspezifischem Zusatztest (in der 7., vor der 19. Therapieeinheit) • vor der 19. Therapieeinheit: Wissensvermittlung zu Muskelaufbau durch Krafttrai-ning, bei gut umgesetztem Training: Lob, Motivierung vor Beginn und nach Beendigung der Therapie: • Evaluation der Kraft der Rumpfmuskulatur, des Angst-Vermeidungsverhaltens mit-tels des Fear-Avoidance-Beliefs-Questionnaire (FABQ) und der lumbalen Schmerzintensität mittels der visuellen Analogskala (VAS)
Ergebnisse und Schlussfol-gerungen	• Patienten beider Gruppen: deutliche Verbesserung der Kraft ihrer Rumpfmuskula-tur, Abnahme des Angst-/ Vermeidungsverhaltens, Abnahme der Schmerzen • EG: signifikant besser hinsichtlich FABQ, VAS Eine gerätegestützte Krafttrainingstherapie der Rumpfmuskulatur kann die Beschwerden von Patienten mit chronischen lumbalen Rückenschmerzen deutlich lindern. Durch zusätz-liche gezielte psychologisch-pädagogische Interventionen kann dieser positive Effekt signi-fikant verbessert werden

6 Literaturverzeichnis

American Heart Association. (2014). *Body Mass Index (BMI) In Adults.* Zugriff am 28.06.2019. Verfügbar unter https://www.heart.org/en/healthy-living/healthy-eating/losing-weight/bmi-in-adults

American Heart Association. (2015). *All About Heart Rate (Pulse).* Zugriff am 28.06.2019. Verfügbar unter https://www.heart.org/en/health-topics/high-blood-pressure/the-facts-about-high-blood-pressure/all-about-heart-rate-pulse

American Heart Association. (2017). *Understanding Blood Pressure Readings.* Zugriff am 28.06.2019. Verfügbar unter https://www.heart.org/en/health-topics/high-blood-pressure/understanding-blood-pressure-readings

Eifler, C. (2013). *Empirische Überprüfung der Effekte verschiedener Ansätze zur Intensitätssteuerung im fitnessorientierten Krafttraining.* Dissertation. Universität des Saarlandes, Saarbrücken.

Güllich, A. & Schmidtbleicher, D. (1999). Struktur der Kraftfähigkeiten und ihrer Trainingsmethoden. *Deutsche Zeitschrift für Sportmedizin*, 50 (7/8), 223–234.

Haff, G. G. (2000). Roundtable discussion: machines versus free weights. *Strength and Conditioning Journal*, 22 (6), 18–30.

International Powerlifting Federation. (2019). *Technical Rules Book.* o. O.: Autor.

Janssen, I., Heymsfield, S. B., Wang, Z., Ross, R. (2000) Skeletal muscle mass and distribution in 468 men and women aged 18–88 yr. *Journal of Applied Physiology*, 89 (1), S. 81-88.

Kirchhoff, D., Kopf, S. & Böckelmann, I. (2016). Krafttrainingstherapie bei männlichen Polizeibeamten mit chronischen lumbalen Rückenschmerzen. Wirksamkeit psychologischpädagogischer Interventionen. *Zbl Arbeitsmed*, 66, 10-19.

Kraemer, W. J. & Fleck, S. J. (2007). *Optimizing strength training. Designing nonlinear periodization workouts.* Champaign, Ill: Human Kinetics.

Mac Dougall, J. D., Gibala, M. J., Tarnopolsky, M. A., Mac Donald, J. R., Interisano, S. A. & Yarasheki, K. E. (1995). The time course for elevated muscle protein synthesis following heavy resistance exercise. *Canadian Journal of Applied Physiology*, 20 (4), 480–486.

McGill, S. (2009). *Ultimate Back Fitness and Performance*. (4. Aufl.). Waterloo, Canada: Backfit Pro Inc.

McGill, S. (2016). *Low Back Disorders. Evidence-Based Prevention and Rehabilitation*. (3. Aufl.). Champaign, IL, USA: Human Kinetics.

Morales, J. & Sobonja, S. (1996). Use of Submaximal Repetition Tests for Predicting 1-RM Strength in Class Athletes. *Journal of Strength and Conditioning Research*, 10(3), 186-189.

OpenPowerlifting. (2019). *Rankings*. Zugriff am 01.07.2019. Verfügbar unter https://www.openpowerlifting.org/rankings/raw/ipf63/all-germany/women/20-23

Rippetoe, M. (2017). *Starting Strength. Einführung ins Langhanteltraining*. (3. Aufl.). München: riva

Ritchie, C. (2012). Rating of Perceived Exertion (RPE). *Journal of Physiotherapy, 58*, 62.

Schmidtbleicher, D., Hartmann, H., Dalic, J., Klusemann, M., Matuschek, C. & Wirth, K. (2009). *Vergleich unterschiedlicher Kniebeugentechniken zur Entwicklung der Schnellkraft*. Frankfurt/Main: Institut für Sportwissenschaften Johann Wolfgang Goethe-Universität.

Schnabel, G., Harre, D. & Krug, J. (Hrsg.). (2008). *Trainingslehre – Trainingswissenschaft: Leistung – Training – Wettkampf*. Aachen: Meyer & Meyer.

Strack, A. & Eifler, C. (2005). The individual lifting performance method (ILP) - a practical method for fitness- and recreational strength training. In J. Gießing, M. Fröhlich & P. Preuss (Hrsg.), *Current Results of Strength Training Research – An empirical and theoretical Approach* (S. 153–163). Göttingen: Cuvillier.

Uhlig, H. (1999). Die Rekonditionierbarkeit chronischer Rückenpatienten mit muskulärer Insuffizienz. *Manuelle Medizin*, 37 (1), 40-45.

7   Tabellenverzeichnis